Données de catalogage avant publication (Canada)

Leclercq, Béatrice

De l'Ange au Zèbre (Abécédaire)

(Collection Coccinelle)

ISBN 2-89051-398-X

I. Titre. II. Collection.

PS8573.E24A82 1991   jC843' .54   C91-096583-8
PS9573.E24A82 1991
PZ23.L42Ab 1991

© Ottawa, Canada, 1991
Éditions Pierre Tisseyre
Dépôt légal: 4ᵉ trimestre 1991
Bibliothèque nationale du Canada
Bibliothèque nationale du Québec
ISBN-2-89051-398-X

1234567890 IML 987654321
10617

DE L'ANGE
AU ZÈBRE

DE L'ANGE
AU ZÈBRE

CONCEPTION ET ILLUSTRATIONS : **BÉATRICE LECLERCQ**
TEXTES : **CÉCILE GAGNON**

À Carl
et à Aude

ÉDITIONS PIERRE TISSEYRE
8925, boulevard Saint-Laurènt — Montréal, H2N 1M5

Près de l'arène silencieuse,
un arbre assoiffé rêve
du jour où l'ange du chapiteau
descendrait le saluer.
À l'aube, l'ange ouvre ses ailes,
remplit son amphore d'eau glacée,
et en verse le contenu sur le pied de l'arbre.
Ivre d'amour, l'arbre boit.

Pour aller au bal, ce soir,
j'ai mis mes plus beaux habits
et mes bottes de cuir gris.
À cheval sur un bonbon,
je survole le bassin du baron,
un grand joueur de bilboquet.

— ...Cinq, six, sept...
— Que comptes-tu ainsi Caroline?
Est-ce le nombre de fleurs suspendues à la tige
ou celui des points noirs de Dame Coccinelle?
— Je ne compte ni les fleurs ni les points noirs,
je compte les étoiles qui brillent dans le ciel.

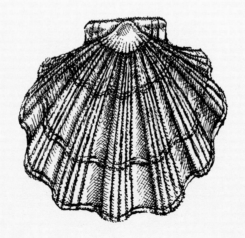

Lançons les dés.
Deux, dix, douze,
le dragon agace le dauphin.
Deux, dix, douze,
le dromadaire a mal aux dents.
Deux, dix, douze,
et la dame de trèfle finira au donjon!

Un épervier passe dans le ciel d'été.
Deux enfants montent l'escalier
en éparpillant les épis de blé
que les écureuils ont grignotés
sous les érables échevelés.

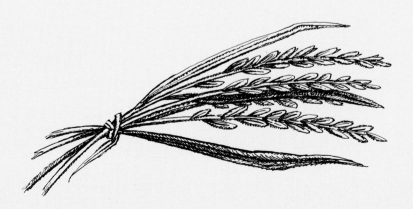

— Grand-père Fourmi,
repose-toi dans ton fauteuil.
J'irai cueillir pour toi
les fruits de l'été,
et les fleurs du soleil!
Grand-père Fourmi,
écoute trembler les feuilles
et raconte-moi encore une fois
l'histoire de la jolie cigale.

Un gâteau au gingembre,
une gerbe de glaïeuls,
j'ai tout préparé
pour Gigi la Gargouille.
Il y a de quoi faire la fête,
elle a cent ans déjà!

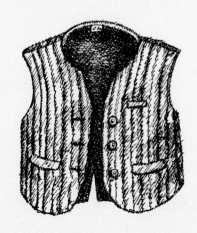

Dame Hélène aux yeux chagrins,
entendez-vous au loin
le bruit des sabots?
Votre glorieux chevalier revient.
Il porte le heaume et la hampe.
Sortons harpes, hautbois et vins doux,
l'heure est à la réjouissance.

Ils sont verts, roses ou indigo
et ils vivent sagement dans un livre.
Mais un beau matin, insectes,
fourmis, grillons et demoiselles,
criquets, mouches et sauterelles
jouant de la patte et de l'aile
ont abandonné leur image
pour se sauver à la plage.

INSECTA, ORUM

Trèfle, carreau, cœur, pique.
Faites vos jeux!
Tourne la roulette.
Pour quel enjeu?
Vivre cent jours
dans un jardin fleuri!
Le jongleur a perdu.
Et les jumelles aussi!

Combien y a-t-il de kangourous
qui se frottent le bout du nez?
Cherchez, cherchez…
Dépêchez-vous!
Moi, pendant ce temps,
je me sauve en Australie
pour manger des sorbets au kiwi.

Près du labyrinthe,
j'ai vu le lièvre et le lion
danser au clair de lune
avec la licorne.
Tireli, tireli!
Les libellules ne m'ont pas cru
et c'est tant pis!

Dans la ville de Mermouton,
les maisons sont magiques.
Une main les agite.
Un bon vent les secoue.
Deux moutons agiles
sortent des mansardes,
ils s'en vont main dans la main
courir et rouler sur la mer.

Noémie l'abeille
a butiné sans répit
toutes les narcisses.
Elle était si étourdie
qu'elle a failli faire naufrage
dans l'étang des nénuphars.

Madame Olympia de la Basse-cour
est invitée ce soir à la fête.
Vite, mettons les œufs
à l'ombre, sur l'oreiller,
et courons les jeux de société.
Amusons-nous, faisons les fous et…
au diable la couvée!

Penche ton cou par ici.
Pose ton pied sur le pont,
je prends ta photographie!
Y seras-tu aussi belle
que les douces pensées
et les gracieux papillons?
Qui sait?

Qui aurait cru
qu'à Québec, hier soir,
Quentin l'écureuil
aurait abattu toutes les quilles du jeu
d'un seul coup de queue?

Un étranger lui a offert une rose,
mais la reine se méfie.
Elle consulte Roland,
le ministre des cœurs éperdus.
— Son parfum vous tuera,
ne le respirez pas, dit-il.
La reine a jeté la rose
par-dessus les remparts
et le roi a fait couper tous les rosiers.
Rira bien qui rira le dernier!

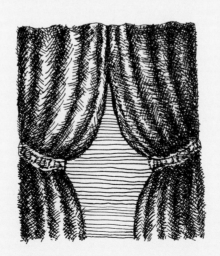

Ah! Comme le temps passe.
Sur la scène,
le soleil jongle avec les saisons.
Et le singe surpris
retourne le sablier,
car il préfère l'été.

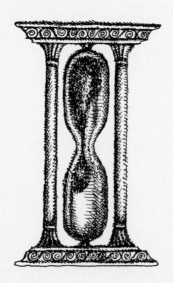

Tiens! Tu as avalé ta tartine.
Mais as-tu bu ta tisane?
Ah! sacré Théodore,
ne t'étonne pas si
ta toux persiste!

Comme le veut l'usage,
après le grand défilé
sur le boulevard d'Uruguay,
on propose au menu
des œufs moustachus!
Avec leurs ustensiles d'argent,
les officiers en uniforme
dégustent leur déjeuner.

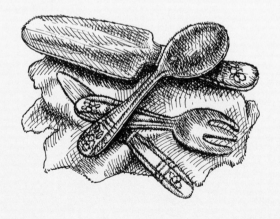

Le vent souffle sur Venise
et le temps s'arrête.
Viens voir valser les Vénitiens
au son des violons de Vivaldi.
Viens voir glisser les gondoles
dans l'ombre des vieux palais
et tu seras ravi.

Pour se rendre à Winnipeg,
au carnaval des wapitis,
rien de mieux que de filer
à travers le pays
à bord d'un wagon rouge et gris!
On peut admirer les paysages.

Ah! quel merveilleux voyage!

L e xérus voulait paraître
dans une page d'encyclopédie.
Il frappa chez le xylophoniste
qui lui dit:
— Va chez Xavier, le xylographe.
Et c'est ce qu'il fit.

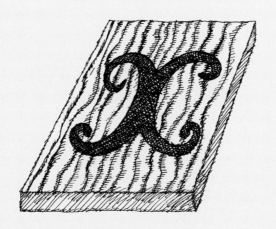

— **H**é! Jack le yak, dit Yvon,
viens-tu jouer au yo-yo?
— Non, je préfère rester à la maison,
je suis trop enrhumé, dit Jack.
Un yogourt bien frais me remettra.
Ensuite, je ferai une petite sieste sous le yucca.

À vos gardes!
Les zouaves sont prêts
à neutraliser la zizanie
qui règne depuis toujours
au zoo
entre le zébu et les zèbres.

LEXIQUE

A: aile, amphore, ange, arbre, arène.

B: balustrade, bassin, bilboquet, bœuf, bois, bonbon, botte, bouton, bretelle.

C: carreau, caverne, château, coccinelle, cœur-saignant, constellation, coquillage.

D: dame, damier, dauphin, dé, dé à coudre, dent, dessiner, deux, dix, donjon, douze, dragon, dromadaire.

E: eau, écrevisse, écu, écureuil, emblème, enfant, épervier, épi, escalier, été, étoile, exocet (poisson volant).

F: falaise, feuille, fil, fillette, fleur, foin, foulard, fourmi, framboise, frange, frise, fruit, fumer.

G: gant, gargouille (gouttière en forme d'animal), gâteau, gilet, girouette, glaïeul, gothique, grenouille, griffon.

H: hampe, hast (lance), haubert (cotte de mailles), heaume, hennin (coiffure de femme), héraldique, hérisson, hermine, hibou, hippocampe, hippogriffe, hirondelle, houx, hydre à sept têtes.

I: illustration, image, impression, imprimerie, index, insecte.

J: jaquemart (personnage frappant les heures sur le métal d'une horloge), jarre, jeu, jockey, joker, jongleur, jour, jumelle, jument.

K: kakémono (peinture japonaise sur soie), kaléidoscope, kangourou, kimono, kiosque, kiwi.

L: labyrinthe, lama, libellule, licorne, lièvre, lion, lune, lys.

M: magie, maillot, main, maison, mansarde, mante (vêtement sans manche), marée, marelle, marguerite, masque, médaillon, mer, mots croisés, mouton.